LOVE YOUR BODY

並木良和

VOICE

はじめに

こんにちは！

並木良和です。

『Love your Body』を手に取っていただき、ありがとうございます。

その中でも、3冊のシリーズの中で「健康」をテーマに語る本を手にしてくれたあなたへ。


あなたは、健康について、どのような悩みや不安を抱えていますか？

「毎日、疲れがひどくて、やる気がおきない……」

「ストレスからくる体調不良のせいで、食欲がない……」

「いつまでも元気に長生きするには、どうすればいいのだろう？」


今、多くの人たちが健康に対するそんな悩みや不安を抱えているのではないでしょうか。

確かに、健康は僕たちが生きていく上で必要不可欠な要素です。


健康な心と身体があればこそ、人生における〝生活の質〟である「QOL（クオリティ・オブ・ライフ）」が向上し、充実した日々を送ることもできるからです。

「人生100年時代」が叫ばれるようになった今の時代は、健康こそが〝一番の宝〟であると多くの人が認識し、「なんとしてでも、健康を手に入れたい！」と願っているのです。


そんな中、今、地球は既存の古い地球から新しい地球へと移行の真っ最中です。

従来の健康法や、「健康のためにやるべきこと、やるべきでないこと」などについても、新たなアプローチへと変化してきています。

そこで、この本では、これから新しい地球で生きていくために知っておきたい、新しい時代における健康を手に入れるためのコツとヒントについてお話ししていきたいと思います。

ハンディサイズのこの本は、あなたが新しい時代の健康の概念を身につけるために、いつもバッグの中に携帯し、ふとしたときに気軽に読んでいただくのにもおすすめです。

また、毎日、直感的にパッと開いたページを読んでいただくのもいいでしょう。

きっと、今のあなたに必要なメッセージや現状に関するヒントに気づけるはずです。


それでは今から、新しい地球の健康に関して、お話ししていきましょう！

並木良和

Contents

Contents

病気は、
本当のあなたを
生きていませんよ、
というサイン

人は、なぜ病気になるのでしょう？
それは、病気を患っている人が
「本当の自分を生きていない」というサイン。

病気というのは、
さまざまな要因や意味合いを持ち、
一概に言うことはできませんが、
基本的には、今の生き方や在り方が、
自分の本質と一致していないことが原因です。

病気のはじまりは、
日々の暮らしの中で、
不安、恐怖、怒り、悲しみ、
嫉妬などのネガティブな感情を感じることによる

ストレスが積み重なってゆくこと。

例えば、長年ある人のことを
「許せない！」などと思い続けていると、
その凝り固まった思いが
実際に身体にしこりを作り出す要因になります。

そして、そのストレスが
解消されることなく、
蓄積していってしまうと、
やがて病巣として
顕在化してしまうことになるのです。

では、本当の自分（自分の本質）って

どんな自分なのでしょうか？
そして、本当の自分からずれていることを
確認するにはどうしたらいいのでしょう？

そのためには、次の
「恋慕うわよ（こ・ひ〈い〉・し・た・ふ〈う〉・わ・よ）」
を感じられているかどうかを
チェックしてみてください。

こ……心地がいいこと
ひ……惹《ひ》かれること
し……しっくりくること、すっきりすること
た……楽しいこと
ふ……腑に落ちること

ⓦ……わくわくすること
ⓨ……喜びを感じること

あなたが本当の自分と
完全に一致できているときには、
「恋慕うわよ」の状態でいられるとき。

それを感じられていれば、
あなたは自分の本質と一致していて、
病気とは無縁でいられるのです。

この「恋慕うわよ」を
常日頃から意識する習慣をつけることで、
本当の自分へと軌道修正を図れば、

病気を未然に防げるでしょう。

いつまでも健康でいたい！
その思いから食事やサプリ、
運動などに気を配ることも大事ですが、
「今、私は本当の自分自身になれているかな？」
と常に問いかけることが
健康を維持するために
最も大切なことなのかもしれません。

私の全細胞よ、開け！

病気になりたくない！
というのは、誰もが思うところでしょうが、
それは「身体がどれだけ丈夫であるか」
ということだけが必要条件なのではありません。

そのもととなる
「心がどれだけ健やかであるか」が、
本当の意味で大切になるのです。

「病は気から」ということわざもあるように、
あなたの意識がどれだけ
ポジティブになれるかが、鍵なんですね。
それは、身体に対する意識の持ち方や
扱い方を積極的にする、

ということを意味しています。

さて、身体の細胞は「開く」ことで活性化し、
「閉じる」ことで機能を低下させ、
不調や痛みを生じはじめさせます。

病気は凝り固まった
ネガティブな意識の反映の結果ですが、
細胞レベルでみたら、
大部分の細胞が閉じてしまっている状態です。
だから、身体の全細胞が開くことを
意識することで、
病状が改善したり、より健康的な身体を
手に入れたりできるようになるわけです。

その方法も簡単です。
あなたの身体に命じるだけです。
胸の真ん中か、みぞおちに意識を向け、
「私の全細胞よ、開け！」と。

あなたは、自分の身体のマスター（主人）
でもあるのです。
すると、あなたの身体の細胞のひとつひとつが
マスターであるあなたに従い、
開きはじめるのです。
なので、しっかりと威厳を持って、
明確に命じましょう。

将来的に、いつ何時《なんどき》、この世界ではまた、
あのパンデミックのようなことが
起きないとも限りません。
でも、どんな状況が起きたとしても、
真の健康力さえあれば、
あなたは健康でいられるのです。

それは、細胞を開くのと同時に
「何が起きても自分は大丈夫!」
というブレない心。

そんな強い心で命じれば、
身体の細胞たちは全開になって
あなたを支えてくれるでしょう。

食の基本は、幸せになれる美味しいものを少な目に

健康にいい食事法は、あなたが好きなもの、
幸せになれるものをいただくことです。
ただ、「もう少し食べたいなぁ……」
と思えるくらいの量にして、
食べ過ぎないようにしましょう。

もちろん、すべてではありませんが、
現代人は食べ過ぎによる
慢性病を患っている人も多く、
そこで大切になるのが、食事の〝量〟です。

例えば、今あなたが1日3食摂っているなら、
1日2食にしてみる。
腹10分目の食事量なら腹8分目を、

腹8分目なら腹6分目を意識してみてください。

腹8分で健康になる。
腹6分で医者いらず。
腹4分で神になる。
といわれたりしますが、
空腹時に「長寿遺伝子」と呼ばれる
「サーチュイン遺伝子」が活性化する
というデータがあるように、
食事は摂り過ぎない方が活性酸素を除去し、
病気を防いだり、治したりする力も上がるのです。
つまり、人間としてのポテンシャルが
より引き出されるのです。

なので、もし、あなたが自分の肉体の可能性を引き出したいなら、お腹いっぱいになるまで食べないように心がけましょう。

もちろん、食事の〝質〟も重要な要素です。エネルギーの高いフレッシュな旬の野菜や果物は、積極的に取り入れたい食材と言えます。反対に、添加物いっぱいの加工食品は、できるだけ控えたいですよね。

でも、お肉はダメ、砂糖もダメ、小麦だってよくないらしいし……。そんな制約ばかりでストイックな食生活になり、ストレスを感じはじめることが身体には一番のダメージになります。

だから、もし、自分の心が満たされて
幸せを感じられるのなら、
何を食べても、とりあえずはＯＫ！

心がけるポイントは、
「食べられて幸せ！と感じられる美味しいものは
何を食べてもいいけれど、量は少な目に」。
これが健康を維持するために覚えておきたい
食事法です。

1回の食事を かけがえのない ものに

「今日の夕食は何にする？」

「何でもいいよ！」

「あるもので適当に済ませちゃおう！」

そんな会話をしていませんか？

人が1年にする食事の回数は約1000回
（1日3食の場合）。
一生なら約8万回（80歳を一生とした場合）
になります。
だからつい、〝食べること〟は
もう習慣になりすぎていて、
おざなりになりがちです。

僕たちは、多くの場合、
いつものように何も変わらない明日を迎え、
相も変わらず食事をするだろう、
と信じ込んでいます。

でももし、今日の夕食が、
人生で最後の食事になるとしたら？

きっと、〝最後の晩餐《ばんさん》〟として大好きなもの、
どうしても食べたかった世界の美食や、
思い出深い食べ物などを
大切な人たちと囲んで
楽しい食事会をすることでしょう。
最後の食事ですから、

特別でかけがえのないものになるはずです。

当然ですが、ここでお伝えしたいのは、
「毎回の食事を特別なものや、
豪華なものにしてください」
と言っているのではありません。
人生という限られた時間の中で、
あと何回あるかわからない食事のことを
丁寧に、大切に考えてほしいのです。

もちろん、それは食事だけではありません。
睡眠や仕事だってそうです。
他にも、毎朝の散歩や友達とのお茶の時間など、
1日のルーティーンを含む

すべての行いも同じです。

あと何回、これができる？
そんなことを考えると、
すべての行動のどの瞬間も
貴重でかけがえのないものになるはずです。

そんな生き方ができる人こそ、
自分を大切にできる人なのです。
また、後悔のない充実した人生を生きられる人
だと言えるでしょう。

さあ、今日のあなたの食事は何にしますか？

健康は気づいたときに気軽に手に入れる

——耳と手・指のマッサージで身体の巡りをよくする

いつまでも健康でいたい。
それは、万人の願いと言えるでしょう。
でも、健康を手に入れるために
特別なことをする必要はありません。

バランスのとれた食事に十分な睡眠、適度な運動。
そして、いつでもどこでも気軽にできる
耳と手・指のマッサージをすることで、
さらに健康も増進されるでしょう。

まずは、耳のマッサージから。
耳は、その形からもわかるように
胎児の形をしています。
つまり、耳の形は全身の縮図であり、

身体全体とつながっているのです。

マッサージ方法は指で耳をつまみ、
ぐるぐる回したり、よく揉《も》み込んだりします。
すると、全身の血流がよくなり身体が活性化。
気になるコリにも効果的です。

手の平も、全身の反射区*である他、
重要なツボも集中する場所です。
足裏マッサージは有名ですが、
いつでもどこでも気軽にマッサージできるのは
手と言えるでしょう。

ホームで電車を待つ間、電車の中で、

また、友人とおしゃべりしているときなど、
気づいたときにほんの数分間でも
手の平をマッサージすれば、
全身が癒やされるだけでなく、頭もスッキリ！

特に、指のマッサージは、
付け根からはじめて指先までを
1本ずつマッサージしながら、
血液やリンパの流れもよくしていきましょう。

健康ほど大切なものはありません。
だからこそ、あなたの健康づくりのメニューに
ぜひ、手軽にできる簡単なマッサージも
加えてみてください。

＊反射区

手の平や足の裏に身体の内臓や各器官につながる末梢神経が集中している場所のこと。

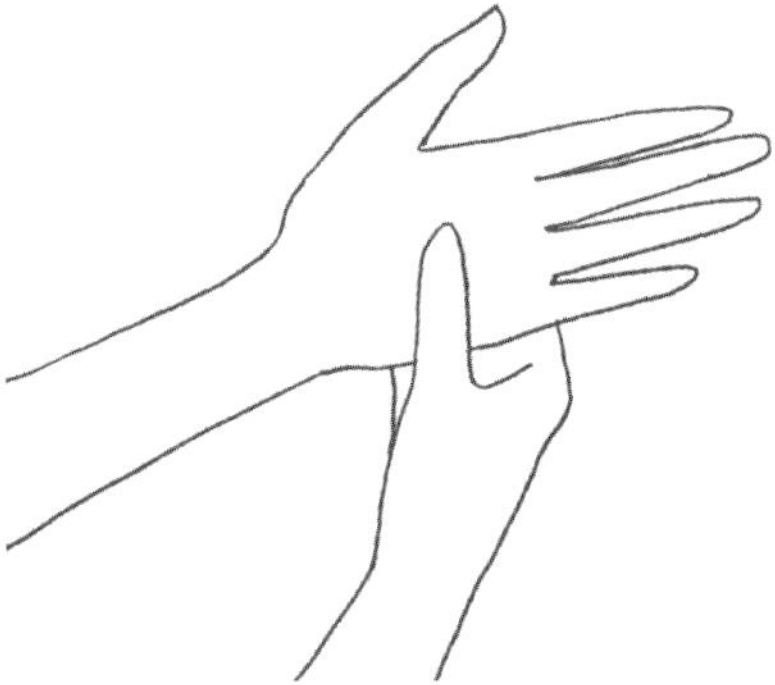

頭皮が硬い人は、頭もカタい

——頭皮のマッサージでストレス解消！フレキシブルに生きる

「あの人って頭がカタいよね！」
と言いたくなる人、っていますよね。
融通が利かず、凝り固まった考えの人、
自分の考え方に固執して
人の意見を聞こうとしない頭のカタい人。
なんだかいつもピリピリしていて、
近寄りがたい人。

そんな人は、文字通り、
頭皮がガチガチに硬くなっているはずです。
さらにストレスも
たっぷり溜《た》まっているでしょう。
つまり、そのストレスフルな生き方によって
意識がガチガチに硬くなり、

頭皮までもガチガチになってしまったのです。

「身体と心はひとつ」という言葉があります。
つまり、身体にはダイレクトに
その人の意識や生き方が現れます。
とはいえ、長い年月をかけて無意識のうちに
習慣になってしまったそれらを、
すぐに変えることは難しいでしょう。

でも、身体へのアプローチは、
新たにすることができます。
それも、今すぐ手軽にできる簡単な
頭皮マッサージで。

では、頭皮のマッサージをはじめましょう。
両手の指の腹で頭皮全体を
やさしく揉みほぐしていきます。
コツは、爪を立てたり、
指の力を入れすぎたりしないことです。
ストレスを解きほぐすように、
じっくり柔らかくしていってください。

この頭皮マッサージをちょっとした気分転換や、
ふと、思い出したときに、
1日数分間、数回やるだけでも効果はバツグン！

頭皮が柔らかくなれば、
自然としなやかな考え方が

できるようになります。

「意識から変えていこう！」

というのはなかなか難しいもの。

そんなときこそ、逆アプローチで
頭皮から柔らかくしていきましょう。


「それは違う！」

「これは、許せない！」

「どうして、そうなるの？」

ついつい、習慣のように、
そんなことを口走るようになったら、要注意。
頭皮のマッサージを習慣化して、
頭も意識も柔らかくしましょう。

マッサージの後は、きっと、
視界が開けたように頭がスッキリし、
新しいヒントや解決策、
新たな選択肢などがポン！
と浮かんでくるはずです。

何よりも、頭皮の柔らかい人は、
ストレスフリーな人なのです。

考えられなく
なるから、
感じられる

現代人はとかく頭を使いすぎ、思考しすぎです。
ある調査によれば、
人は1日に6万回以上思考し、
そのうちの8割が、
ネガティブな思考であるといわれています。
そして、その思考パターンは、
明日も明後日も続いていくのです。
それって、なんだか虚《むな》しくないですか？
人生を無駄にしていると思いませんか？

今、地球は古い地球から新しい地球へと
移行中です。
それは、これまでの〝考える〟という
古い在り方から、

〝感じる〟という新しい在り方へ
シフトすることでもあるのです。

つまり、頭で考えるよりも、
ハートで感じるという感性の生き方が
主流になってくるんですね。
それは、より本質的な生き方へと進化する、
と言い換えることができるでしょう。

そう、まさにあのブルース・リーの名言、
「Don't think! Feel（考えるな。感じろ）」です。

でも、その〝感じる〟というのが難しいんです、
という人も多いのです。

そこで、改めて〝感じる〟感覚を鍛える
レッスンを行ってみましょう。

まず、あなたの意識の矛先を頭からハートへと、
意識的にゆっくりと降ろしていきましょう。
すると、なんだか〝考える〟ことが
しづらくなりませんか？
そうなのです。

意識の焦点を頭からハートに降ろすだけで、
いつもより、思考が減るのがわかるでしょう。

ある悩みについて、考えに考えて、
それでも答えが出なくて
煮詰まってしまったときほど、
大きな深呼吸とともに
意識をハートに降ろしていきましょう。

また、意識がハートに降りるという感覚が
つかめない人は、
意識を頭からハートを越えて、
さらにお腹まで降ろしてみましょう。

そうすると、少なくとも
思考が弱くなっているのがわかるはずです。
そして、よりリラックスできると思います。

これが習慣になると、
だんだん思考が静まってくるようになります。
そのために瞑想《めいそう》や呼吸法も有効ですが、
最も簡単にできるのが、
この意識をハートの中心、
あるいは、お腹に降ろしていくワークです。

「思考を静める」なんて、
「もっと頭を使わないと！」
という風潮の現代社会においては、
ダメなんじゃないか、と思うかもしれませんが、
ハートを通して、
あらゆるものを捉え感じる生き方は
新しい地球では、主流となる生き方なのです。

Don't Think
Feel

身体を柔らかくしたいなら、お豆腐をイメージする!?

健康を考える時、
柔軟性のあるボディは理想的と言えるでしょう。
やはり、身体が柔らかいと、
エネルギーの循環も良くなるからです。

とはいえ、身体がガチガチに硬い人もいます。
その場合、全身のストレッチは効果的ですが、
硬くなってしまった身体は
そう簡単には柔らかくなりません。

そんな時は、イメージの力も使って
身体を柔らかくしましょう。

例えば、床に座って開脚する場合。

身体が硬く、両足を広げても
90度くらいにしか広がらない。
そんなときは、開脚の際に、
両足が柔軟性のあるゴムのように
左右に広がって伸びていくことを
イメージしてみましょう。

自分のいつものキャパシティよりも
開脚できているのではないでしょうか？
イメージすることは、
身体を含めて、現実に大きく影響するのです。

次に、前屈をしてみましょう。
前屈も、コンニャクやお豆腐のように

柔らかい身体をイメージしたり、
手の平まで床にピッタリくっついているところを
思い描いたりした後、前屈をすると、
いつもより曲げられていることに
気づくでしょう。

硬くなってしまった身体は、
無理やり痛みをこらえながら
「曲げよう」「伸ばそう」とするよりも、
イメージの力を使って
楽しみながら取り組んでみてください。

すると、少しずつ
あなたの身体に柔軟性がよみがえり

エネルギーの循環が良くなることで、
より健康になった自分を
感じることができるでしょう。

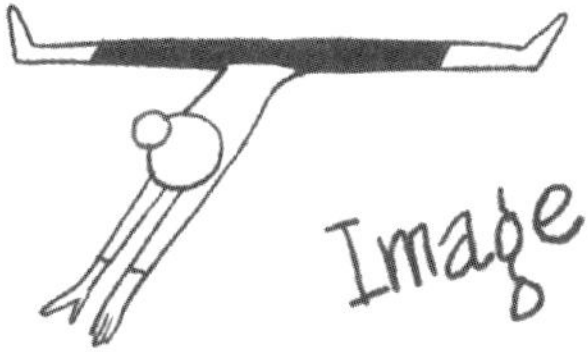
Image

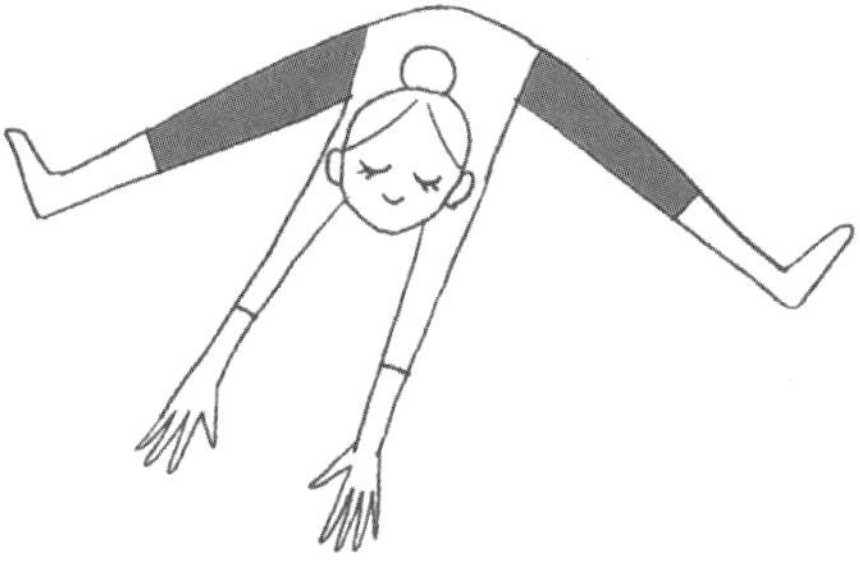

「今、この瞬間」を生きる人は、年齢も止まる

年齢が40代なのに60代に見える人。
一方で、80代なのに50代に見える人。

その差は、どこにあるのでしょうか？
実は、その人の意識の反映が外見や在り方、
そして雰囲気などをつくり上げています。

そういった意味では、
若さを保つ最も効果的な方法も、
意識の持ち方次第であると言えるでしょう。
今、この瞬間に生きて、毎瞬を楽しみ、
目の前のことに集中している人は
年を取るのが遅くなります。
なぜなら、その瞬間、

その人の時間は
止まっているようなものだからです。

時間はイリュージョン（幻想）です。
何かに夢中になっている人は、
1日の24時間があっと言う間に過ぎていき、
まるで8時間くらいに
感じられるかもしれません。

一方で、いやなことをしぶしぶ行っているなら、
1日が36時間くらいに
感じられるかもしれません。
すると、その人にとっては、
感じた通りの時間を体験しているのです。

つまり、時間はイリュージョンなので、
本当は一人ひとり
違う時間の流れを体験しています。
だからこそ、その人の意識次第で、
早く年を取る人、年を取らない人、
というように違いが出てくるんですね。

今この瞬間に生きている人は、
人生を思いっきり楽しみ、
生き生きしているので、
若々しく見えるでしょう。
反対に、過去を悔やんだり、
未来のことを憂いたりしながら、

今ここに集中できない人は、
そのストレスとも相まって、
さらに老け込んでいくことになるのです。

ということは、究極のアンチエイジング法は、
自分が好きなこと、
ワクワクすることを見つけて、
そのことに夢中になって生きることであると
言えるでしょう。

今、あなたは夢中で生きていますか？

STOP!

いずれ、癌から解放される日がやってくる!?

近い将来は、今ほど病気のない
夢のような時代がやってきます。

将来は、医療のカタチが変わります。
それは、治療のための医療から、
未然に病気を防ぐ予防医療への変化と言えます。

そして、そのために導入されてくるのが、
いわゆる「波動医療」です。

波動医療とは、
「光」「色」「音」をベースにした医療技術のこと。
すでに一部では採用されていますが、
より洗練、改良された形で
本格的に医療現場で使われるように

なっていくでしょう。

そんな時代が到来するのは、
早ければ2028年以降。
体内で病巣になりそうな部位があれば、
光や色、また、音を使って、
その場所の波動を変えることで、
病気として顕在化させないようにします。

そうなれば、今、不治の病と呼ばれている病気も
克服できる時代になっていきます。
かつて、結核は不治の病と呼ばれていましたが、
今ではそうではなくなったように、
いずれ、癌《がん》も私たちを脅かす病気では

なくなります。

このまま進んでいけば、2050年頃には、
今、生命を脅かすといわれるような
病気のほとんどが克服できるように
なるでしょう。

ウツ気味？エプソムソルトのお風呂で心から軽くなろう！

ウツウツと落ち込むことは誰にでもあること。
でも、場合によっては、
一旦ウツっぽくなってしまうと、
どんどん暗闇に落ちていったりします。

そんなときは、焦らないこと。
「ここからなんとか、抜け出さなくちゃ！」
と思えば思うほど、
よけいに抜け出せなくなるのです。

だから、決して焦らず、
落ち込んでいる自分も
否定しないようにしましょう。
自分に〝ダメ出し〟をすると、

魂はどんどん萎縮していくことになります。

そんなときは、こう思ってほしいのです。

「ウツっぽい自分だってOK!」と。

落ち込んでいるときほど、

フリでもいいので、まずは、

どんな自分も受け入れてみよう、

としてみてください。

日常生活で感じるネガティブな感情を

溜《た》め込むのではなく、

できるだけ速やかに解放していきましょう。

そのために、パワフルな〝お助けツール〟を

ご紹介します。

僕もよく使っているエプソムソルトです。
お風呂の湯船にエプソムソルトをたっぷり入れて、
ゆっくりお風呂に浸かり、
細胞に溜まった感情的な毒素を
排出していきます。

できれば20分間、じんわりと汗をかくくらい、
湯船に浸かりましょう。
細胞に溜まったネガティブなエネルギーは、
37℃〜40℃のお湯に20分ほど浸かることで、
湯船の中に溶け出すように、
解放されていくのです。

さら湯でもOKなのですが、
エプソムソルトには、
肉体的にも霊的にもデトックスできる、
パワフルな浄化作用があるので、
特におすすめです。
あなたが必要だと感じるなら、
毎日使っていただいても構いません。
通常は数日に1回、もしくは週末の土日に
集中的にデトックスするのもいいでしょう。

さて、ウツを心の病気と診断され、
カウンセリングやクリニックへ通う人もいます。
でも、あなたが〝患者〟という在り方で
セラピストや医師と関わり続ける限り、

改善は思わしくないかもしれません。

つまり、あなたは彼らに
何とかしてもらうのではなく、
彼らのサポートを受けながら、
共同で自分を癒やしていくのです。

プロフェッショナルを信頼するのと同時に、
もう少しだけあなた自身を信頼してみませんか？
なぜなら、この世界であなたのことを
一番よく理解しているのは、
ただ1人、あなただけなのですから。

自分自身を頼るには、

次のように自問自答しながら、
自分と向き合ってみましょう。

「あなたは今、何を望んでいるの？」
「あなたは、これからどうしたいの？」

そんなふうに、自分への問いかけと、
それに対する回答を続けていくと、
落ち込んだ状態から、
不意に抜け出すタイミングがやってくるはず。

「そうだ！　やりたかった〇〇をやってみようかな！」
そんなひらめきがやってくるかもしれません。

そしたら、
最初はほんの小さな一歩でもかまわないので、
そのインスピレーションを
行動に移してみてください。
それが、あなたの人生を開く鍵になるのです。

こんなふうに、
エプソムソルトを入れた入浴を習慣にしながら、
自分との対話を続けていると、
いつの間にか、ウツ的な症状が
改善していることに気づくでしょう。

死にたい……。
そんなときほど、
人生大逆転の
チャンス！

生きているのがつらい……。
もう、死んでしまいたい！
このまま、消えてしまいたい……。

人生において、
そんな状況に直面する人は少なくないはず。
だからでしょうか、
日本は先進国（G7※）の中では唯一、
若い世代の死因の第一位が自死
というデータが挙がっています。

もし今、
死を考えるほど絶望している人がいるのなら、
ちょっと立ち止まってみてください。

ぜひ、お話ししたいことがあります。
そんなどん底の状況にいるときこそが、
実は、大飛躍、大逆転のチャンスの時なのです。

自死を考えてしまう人は、
前世や前々世などにおいて、やはり、
同じような年齢の頃、
似たような状況に直面したことがあり、
そこで自ら命を絶ったケースも多いのです。
あなたは、そのパターンを
繰り返している可能性があります。

だから、たとえ

「この状況から逃げてラクになりたい……」
と思っていたとしても、結局、次の人生でも、
また、同じシチュエーションから
やり直すことになるのです。

「死んでしまいたい……」

と追い詰められたときこそ、

「今度こそ、乗り越えるチャンスだよ！」

とあなたの魂は鼓舞してくれているのです。

これまで苦しんできたスパイラルを
今回で終わらせるために。
繰り返してきた魂のパターンを変えるために。

ただ、苦しみの真っただ中にいる人に、
無理やり「ポジティブになって！」
とは言いません。
でも、少しだけ立ち止まって！
自分と向き合ってみてほしいのです。

「自分を苦しめているものは、
本当のところ何だろう？」
「この苦しみを、どうすれば手放せる？」

あなたが気づきや学びを得て
問題を乗り越えたとき、
そこから人生の大逆転がはじまるのです。

あなたの人生は、
まったく新しい次のステージへと移行します。
それはまるで、自分のいる世界が文字通り、
地獄から天国へ変わるようなもの。
そう、天国は空の上にあるのではなく、
この地球の、しかも、
あなたの身の周りにあるのです。

考えてみれば、
小さい悩みごとが解決したくらいでは、
人生は大して変わらないかもしれません。
だからこそ、深く暗い絶望の淵にいた人ほど、
それを乗り越えたとき、
振り子が反対にふれるように、

人生は大きくポジティブな方へ
変化していくのです。

だから、「もう、死んでしまいたい……」
と思った人こそ、
とてつもない大逆転のチャンスが来ている
と思ってください！

後で、あの時の苦しみは、
大きなギフトだったと思える日が
きっと来るはずですから。

＊G7（先進国首脳会議）
7か国（日本、アメリカ、カナダ、フランス、イギリス、ドイツ、イタリア及びEU）で構成された「先進国首脳会議」。

思い切り生きる人は、自分の死期がわかる⁉

～最高の死に方をするために～

最高の死に方とは、一言で言えば、
人生を思い切り生き切ったと感じながら
死を迎えること。

「もう、すべてをやり切った！」
「いつ死んでもいい」
そんなふうに思える生き方ができたら
最高ですよね！

一方で、人生の最期が近づいたとき、
「あれをやっておくべきだった」
「できれば人生をもう一度やり直したい」
「あの人だけは、今でも許せない……」
などと、後悔を抱えていたり、

過去に縛られていたりするのなら、
この世を去る瞬間は、
幸せとは言えないでしょう。

人は、自分のテーマをやりきったと
魂レベルでわかったとき、
自分の死期が明確にわかることがあります。
「ああ、私の寿命は、あと1年かな……」
というように。

そんな人は、
最後の1年を思い残すことなく
生き切ることでしょう。
例えば、お世話になった人や

友人に会って感謝を伝えたりして、
最後の1週間になると、
大切な人とお別れパーティーを
するかもしれません。
最後の日の前日には、
「明日、私は向こうに旅立つわ。さようなら！」
と、皆に伝えて肉体を離れるのです。

そして、その瞬間が来たら、
肉体からすっと抜けていく……。
そんな死に方が〝最高の死に方〟
なのではないでしょうか。

でも、そんな生き方は実際には無理でしょ、

と思うかもしれませんが、
大切なのは、毎瞬毎瞬を可能な限り、
思い残しのないように生きること。

なので、まずは、
「ToDoリスト（やることリスト）」
を作り、優先順位をつけることで、
最優先事項から行っていくのです。

そう、「いつか、あれをやろう！」
と思っていたことを、
〝今すぐ〟にやるのです。
その繰り返しによって、
人生を充実させることができるのです。

「死ぬまでにやりたい10のこと」
いつか叶えたい「バケットリスト*」は、
ぜひ、今日からはじめてみてください！
最高の生き方を通して、
最高の死に方をするために……。

*バケットリスト
人生でやりたいことを全て書き出すリストのこと。

そのことに
命を削る価値は
ある？

誰もが皆、1日1日、命を削って生きています。
誰もが皆、1日1日、
やがてくる最期の日に向かって生きています。

そんなことは当たり前すぎて、
誰も普段から意識していないかもしれません。
でも、これは明確な事実です。
生まれたら最後、必ず死を迎えるのですから。

だからこそ、
自分の心に問いかけてみてほしいのです。
命を削ってまで、それをやる価値はある？
命を削ってまで、そこへ行く必要はある？
命を削ってまで、その人と関わりたいと思う？

命を削ってまで、それを手に入れたい？
命を削ってまで、それを食べたい（飲みたい）？

自分のすべてのアクションに対して、
問いかけてみてください。
その一瞬一瞬に
自分の命を削る価値があるかどうかを。

あなたの大切な命だからこそ、
問いかけてみてほしいのです。

限りある命です。
あなたが命を削るのに値する
と感じるその瞬間を愛おしみながら、

思いっきり楽しんでください。

おわりに

『Love your Body』はいかがでしたか？

「健康への一番の近道って、いったい何？」

「月曜日の朝になると片頭痛が起きるのがつらい……」

「ストレスフルな日々を乗り切るには、どうすればいい？」

そんなことを思いながら、この本を手に取ってくださった人の中には、今、1冊を読み終えた時点で次のような感想を持つ人もいるのではないでしょうか？

「〝自分らしい生き方〟ができていないと、健康は手に入らないんだ……」

「心の状態や意識の持ち方が、こんなにも体調に影響するんだ……」

と、新しい時代の健康に対する価値観を受け取ってくださった方も多いのではないでしょうか。

「心と身体はつながっている」という考え方は以前からありましたが、今こそ、心と身体、そして魂という3つの要素が〝三位一体〟となった生き方が求められる時代が到来しているのです。

この地球において、魂の神殿である肉体を十二分に使い、人生を自由自在に生き切るために、この『健康編』でご紹介した方法をぜひ、試してみてほしいのです。

それらは、食事、呼吸、入浴、マッサージなど、どれも手軽ですぐにできる簡単なものばかり。

中には〝目からウロコ〟的な考え方もあったかもしれませんが、どのアプローチも、あなたが新しい時代を生きるための健康法として役に立つでしょう。

　そして、何よりも、最も健康に欠かせないのは、あなたが〝本当の自分を表現する〟こと。そして、ありのままの自分を生きることなのです。

　そんな生き方をマスターすれば、あなたの内側から活力があふれ出し、元気溌剌《はつらつ》、健康そのものの自分として、人生を謳歌することができるでしょう。

並木良和

Profile

並木良和
（なみき よしかず）

メンタル・アドバイザー。生まれる前の宇宙時代からの記憶を持ち、幼少期よりサイキック能力を自覚、高校入学と同時に霊能力者に師事。2006年より神界と天使界の導きにより、メンタル・アドバイザーとして独立。宇宙存在や高次元マスターとも協働しながら、本来の自分に一致する「統合ワーク」や、新しい地球を生きる「目醒めた意識作り」の叡智を発信。宇宙の本質である愛と調和を世界中に広める風の時代のリーダーとして、多くのファンに支持されている。著書『目醒めへのパスポート』（ビオ・マガジン）、『新しい人間関係のルール』（PHP研究所）ほか多数。

https://namikiyoshikazu.com/

並木良和オフィシャル・オンラインサロン
にアクセス！

Love your Body

2024年8月10日　第1版第1刷発行

著　者　並木良和

編　集　西元 啓子
イラスト　藤井 由美子
校　正　野崎 清春
デザイン　小山 悠太

発行者　大森 浩司
発行所　株式会社 ヴォイス　出版事業部
〒106-0031
東京都港区西麻布 3-24-17 広瀬ビル
☎ 03-5474-5777（代表）
📠 03-5411-1939
www.voice-inc.co.jp

印刷・製本　映文社印刷 株式会社

ISBN978-4-89976-572-1